Die Natur einer reinen Seele

Syaku

1

Inhalt

Syaku präsentiert

Die Natur einer reinen Seele

1. Kapitel

In letzter Zeit soll sich eine verdächtige Person hier rumtreiben.

Also kein Missionar, sondern ein Perverser?

Ich bin weder das eine noch das andere!

WAPP

Warum verfolgst du mich?

Woher kennst du diesen Namen?

Sonst wohnt niemand in dieser Gegend.

Bist du der Sohn der Familie Yokami?

In letzter Zeit habe ich ihn überhaupt nicht mehr gesehen.

Darum hab ich mich mal wieder auf den Weg gemacht.

...

Geht es Mutsuo gut?

KLOCK

Bitte sehr, heiße Milch.

Die Menschen richten ihr Leben so aus, dass ihre Seele nicht verschmutzt.

Morgens waschen sie ihr Gesicht.

Sie machen sich zurecht.

Sie werfen Holz in den Ofen und entzünden ein Feuer.

Sie kochen sich ihr Essen.

Diese Mikrowellen sind wirklich praktisch.

Trotzdem verschmutzt ihre Seele, ohne dass sie es ahnen.

PUST

*Geisterwesen der jap. Mythologie,
teilweise mit übernatürlichen Fähigkeite[n]

Ich werde eine Weile hier wohnen. Vertragen wir uns.
SCHLÜÜÜRF
Ich glaub dir kein Wort.
Ich wer-de dich von deiner Unreinheit befreien.

Sieh mir in die Augen!
Ist es nicht natürlicher, nach oben zu schauen?
Sonst schmerzt bald dein Genick.
Der Mensch verlässt sich zu 80 Prozent auf sein Sehvermögen.
Du hast auch noch vier andere Sinne.
Sieh lieber hinauf in den Himmel, schließ die Augen und finde Ruhe, statt nach unten zu blicken.

Trotzdem ist es unverschämt, sich hier einzunisten und zu meinen, es sei zu meinem Wohl!
Ah ... Das war wohl nichts.
Deine Großeltern haben mir sehr geholfen, weißt du?
Ich dachte, zum Dank helfe ich ihrem Enkel.
Das überzeugt dich wohl auch nicht ...
Zweifel
Schutz vor Wind und Regen und ein Bett sind mir als Gegenleistung genug.
Ich habe nämlich kein Zuhause mehr.
Und es sieht aus, als würdest du hier alleine wohnen. Passt doch.
Na, was meinst du?
Ich seh schon.

Dann lass mich hierbleiben, weil ich es aus eigenem Willen durchziehen möchte.

Lass gut sein.

Es reicht mir, wie es ist.

Jedenfalls halte ich mein Wort!

Damit sind Feste wie Obon* oder Neujahr gemeint.

Das Besondere.

Zeremonien?

Ich beseitige deine Unreinheit durch Zeremonien.

Und was ist es, das du durchziehen möchtest?

*Fest, bei dem den Verstorbenen gedacht wird

Das hier ist schon reichlich Abwechslung vom Alltag.

Ich bringe dir alles über das Alltägliche und das Nichtalltägliche bei.

Du darfst dich in einem freien Zimmer einrichten.

Aber wehe, du betrittst meins!

Aber gleich sollte ich die Futons zum Lüften aufhängen.

Ich muss mich dafür bedanken, dass ich nach Hause gefunden habe ...

?

Was willst du mir eigentlich beibringen?

Japan-
knöte-
rich**.

Adler-
farn****.

Koshia-
bura***.

Momiji-
gasa*.

***lat. Chengiopanax sciadophylloides   *lat. Parasenecio delphiniifolius
****lat. Pteridium aquilinum   **lat. Fallopia japonica

Das sind
die ersten
Früchte der
Saison. Wer
sie isst, lebt
75 Tage län-
ger,sagt das
Sprichwort.

Das hier
wolltest du
machen?

Im Mai sind
die Berge wie
eine Schatz-
kammer.

Das
weiß ich.
Aber bist
du nicht eh
unsterb-
lich?

Da-
mit lebe
ich noch
länger!

KNACK

Nach Re-
gen musst
du dich vor
Blutegeln
in Acht
nehmen.

Das
fragst
du erst
jetzt?

Bist du
wirklich un-
sterblich?

STOPP!

TAPP TAPP TAPP TAPP TAPP

Das ist nur eine Zutat

Frittierter Tofu!

Bin ich eine Vogelmutter?

Frittierter Tofu!

Wolltest du mich bedrängen?

Ich hab's kapiert.

Warum klebst du so an mir?

Yashio ...

Mich hat immer überrascht, wie anders Dinge schmecken, wenn man bei anderen Familien isst.

Wie ist es?

Schmeckt fast wie bei Oma.

Wie kommt das?

Ich sagte doch, sie haben mir sehr geholfen.

Wenn man zusammenwohnt, ist es wichtig, dass man denselben Geschmack hat.

Das freut mich.

Ist ja auch kein Wunder. Tsuwako hat mir beigebracht, wie man sie zubereitet.

Meine Oma?

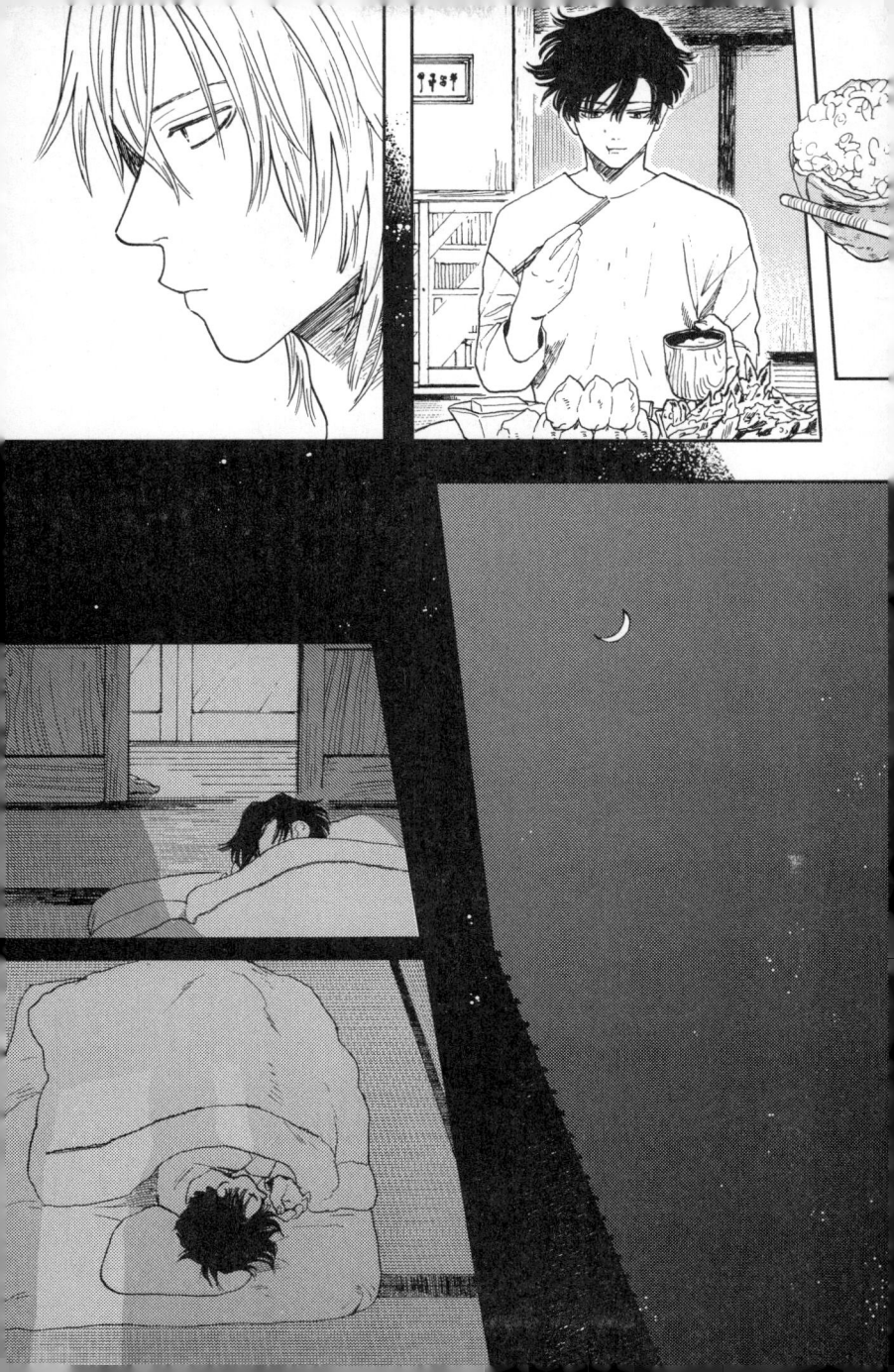

Und mich nennt er gedankenlos ...

TOCK

2. Kapitel

TSCHACK

TSCHACK

TSCHACK

Ich dachte, du wolltest mir etwas beibringen.

Sie erfüllen eher die Funktion von Gebeten. Das hat nichts mit deinem Problem zu tun.

So, wie man sich ein Haus in den Bergen vorstellt.

Mhm.

Ich habe mich umgesehen. Das Haus ist ordentlich und es sind auch Amulette aufgehängt.

Ich spüre die Präsenz von göttlichem Schutz.

Wenn du meinst ...

Ich hab geschwänzt ...

ch hör hl nicht cht?!

Ach ja. Gestern warst du ja auch in der Schule.

Ich schlaf noch 'ne Run...

Wie bitte?

Jedenfalls muss ich in die Schule.

Was hast du vor?

Was war denn nun?!

Ja, wirklich hervorragend.

Die Inari*-Sushi von gestern Abend sind lecker. Der Geschmack ist richtig durchgezogen.

Warum?

Ich konnte nicht hingehen.

Du nervst!

*mit Reis gefüllte Tofutaschen

Bist du ein Meister im Versteckspielen?

Ja, genau.

...üg ...cht!

Auf Berge begrenzte Orientierungslosigkeit?

Das passiert mir nur hier in den Bergen.

Bist du einfach hoffnungslos orientierungslos?

Nein!

In der Stadt verlaufe ich mich nie! Da weiß ich genau, wo ich bin.

Deshalb bist du mir so auf die Pelle gerückt!

Ach?

Das meintest du gestern mit »du müsstest dich bedanken«?

Ich verstehe das ja auch nicht!

Gestern hab ich zurückgefunden, indem ich deiner Reifenspur gefolgt bin.

Moment mal! Wie bist du bisher vom Berg runtergekommen?

Das war meine Rettung.

WEDEL
WED

Was genau ist Mitsu?

FUNKEL

SCHMUS

SCHMUS

Du gehst schon?

Vor allem ist er ein guter Junge.

Aber weil Hunde in dieser Gegend als Boten der Berggötter gelten, sind die Leute gut zu ihm, wenn er vom Berg herunterkommt.

Er ist nur ein Streuner, der sich irgendwann hier im Bergwald niedergelassen hat.

Tollwut-Impfung

Ok, Mitsu!

Gut machst du das!

Hallo, Mitsu! Dieses Jahr füttere ich dich!

WUFF

WUFF

Er holt sich sogar von selbst seine Impfungen ab.

Dank ihm verirren sich auch keine Wildschweine, Hirsche oder Bären mehr in die Stadt.

Er ist ja hochbegabt.

Dann kommt die Präsenz von Schutz also von Mitsu.

Was, wenn ein Mono-noke dafür verantwort-lich wäre?

Gleich ...

Die haben sich Besseres zu tun

Als Erstes ...

Trinken sie den?

Stimmt. Und im Haus war ja auch Sake auf-gestellt.

Nein.

Heute ist das Blauregenfest.

Fest ...

Das heißt, heute ist ein besonderer Tag?

Ganz genau. Der Blauregen blüht hier am achten Mai. Nach dem alten Kalender ist das der achte April.

Man schmückt den Garten oder das Haus mit Blauregen aus den Bergen und begrüßt die Erntegötter, die von den Bergen herabkommen. Es ist ein Fest, das einen wichtigen Zeitpunkt markiert.

Wahnsinn!

Das haben mir deine Großeltern erzählt.

Stimmt. Ich glaube, Oma hatte Blauregen aufgestellt ...

Nun ja, bei diesem Anblick glaubt man das gern.

Es heißt, die Berggötter werden von den Blüten des Blauregens angelockt und fahren in sie hinein oder dass die Naturgeister der Berge in ihnen wohnen und durch ihre Kräfte Unheil abwenden.

Das ist echt cool!

Ich wusste nicht, dass es hier so einen Ort gibt.

Dass du dich verläufst, liegt allein an dir.

Die Blumen, Gräser und Bäume sehen für dich gleich aus, weil du gar nicht richtig hinschaust.

Der Geist hat erheblichen Einfluss auf den Körper.

Du meinst, meine geistige Haltung ist schuld?

Das tue ich ...

Ach ja?

Reiß dich zusammen!

Ah!

KLAMMER

An meinem Ärmel?

Ich wollte mir nur kurz die Hände abwischen ...

KNACK

KLAPP

GLUCK
GLUCK

RASCHEL

Da!

Schmecker!

Du fandest sie doch cool, oder?

Muss ich sie essen?

Gut, gehen wir.

...hast doch er ge- änzt.

Sieh!

Rieche! Höre!

Berühre!

Konzentrier dich auf deine fünf Sinne!

Ist dir das nicht unangenehm, Toki?

Hä?

...

Andererseits bekomme ich erst recht Lust, dich zu necken, wenn du so reagierst.

!

Ich bin erwachsen.

Ich denke mir nichts dabei.

Soll das heißen, dass nur Kinder bei so was Theater machen?

Meine
Rippen ...

War
och
r ein
itz!

Aua!

DOSCH

Soll ich
dich im
Arm tra-
gen?

Uwah!
Wie
arro-
gant!

Spie-
len wir
jetzt
Verste-
cken?

Mach
dich auf
was gefasst.
Ich wurde mal
eine ganze
Nacht lang
nicht ge-
funden!

Ich
halte
mich
am Ärmel
fest.

Wie auch
immer. Wenn
du dich ver-
läufst, werde
ich dich wie-
derfinden.

Was machen wir ab morgen?

Sieh zu, dass du für dein Essen aufkommst.

Ich kann das nicht.

War ja klar ...

Na, sieh mal einer an. Wen haben wir denn da?

Was zum Teufel hast du hier zu suchen?!

Das nenne ich mal einen stattlichen Köter.

Hab ein paar Dinge zu erledigen, darum wohne ich bei ihm.

Was ??!

Sonst erkennt nie jemand, dass ich kein Mensch bin. Das ist eine willkommene Abwechslung.

Oh, das freut mich.

W... Was sagst du da?! Was bildet ein Mononoke wie du sich ein?!

Verstehe. Du bist also ein Wolf. Die japanischen sind laut dem Getratsche der Leute allerdings ausgestorben und dafür bist du recht groß. Bist du ein Mischling?

Du ...

3. Kapitel

Probieren Sie unseren Tee!

Nach dem letzten Frost gepflückt

*Die Aufschrift besagt: Tee – frisch geerntet!

Supermarkt **Hachiko**

Kommt der aus der Gegend? Ich hab ihn noch nie gesehen.

Der wirkt total dubios!

Er ist groß!

Hat er jemanden von hier geheiratet? Habt ihr davon was gehört?

Da bist du ja!

Ja ...

Hier arbeitet er also ...

Du hast geheiratet, Yashio?

Hä?

Er ist kein übler Kerl.

Wie bitte?!

Das war so und so und dann war dies und das und jetzt schmarotzt er bei mir.

...olen ...erlen ...ieht ...n das ...t an!

In der Sommerhitze ist es hart.

Oh ...

Wer ist der Typ?!

Yashio!

Ihr fahrt Motorrad?

Cool!

Supermarkt Hachik...

Also weißt du ...

He!

Wie geht es Kaede? Ist das Baby in ihrem Bauch munter?

Du bist zuverlässig.

Du wirst ein guter Onkel, Hiro.

Aber versteck dein Sparbuch gut!

Mitsu mag ihn, also ist er okay.

Wie kommst du darauf?!

Mitsu mag ihn?!

2. Klasse Mittelschule**

2. Klasse Highschool*

*entspricht der 11. Klasse **entspricht der 8. Klasse

Kunihiro, wir gehen!

Pass auf dich auf!

Fahren wir!

DOSCH DOSCH DOSCH

Das sind meine Rippen, Yashio!

Hör auf, mich zu häuen!

Dafür hast du viel zu kurze Beine.

Ich würde auch gern mal Motorrad fahren.

KLACK

VROMMMM

AUFSETZ

Beeindruckender Junge.

Fahr lieber mit dem Fahrrad!

Du fällst zu sehr auf!

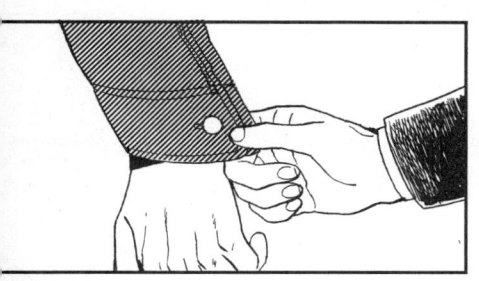

Dann würde doch eine normale Schnur reichen.

Wie wär's, wenn wir Zug spielen?

Toki...

Das wäre ein Kompromiss für dich?

Damit ich mich nicht verlaufe.

Trottel! Dann kommt sofort Mitsu angespru...

WUFF

RASCHEL

Siehst du?

Dann eben eine Hundeleine...

Eben hast du dich noch an meiner Taille festgehalten!

Das ist was anderes.

*gedämpfte, gefüllte Teigtasc

*süße Paste aus roten Bohnen

DAMPF

Pf!

Mit Fleckenmuster, ja?

Das sind Designer-Manju!

Weil das eine spontane Idee war, habe ich das Anko aus dem Süßwarenladen genommen.

Ist gut geworden.

KAU

Lecker!

Oh!

KAU KAU

HAPPS

Entschlossen wozu?

Mache ich nur, wenn ich entschlossen bin.

Na ja, in dieser Gegend gehören Manju ja zur Kultur.

Aber ein Highschool-Schüler, der Manju zubereitet ... Das ist schon ...

*lat. *Trillium tschonoskii*.

Miyama-Enreisou*.

Du kennst dich aber wirklich gut aus, Meister Toki.

Tja.

Hm?

Es wird als Medizin verwendet.

Es ist giftig.

Das passt ja gar nicht ...

Riechst du auch diesen süßlichen Duft?

Als würde etwas gären.

süß-lich?

Das bedeutet »das Kraut, das das Leben verlängert«.

Wer es isst, wird also alt?

Ah!

Affen verstecken Früchte in Baumhöhlen. Die gären dann ganz natürlich. So wird Wein daraus.

Haben sie vergessen, wo sie die versteckt haben?

BLUBB

Das ist Affenwein.

*jap. Fabelwesen, die den Yokai, Wesen mit übernatürlichen Fähigkeiten, zugeordnet werde

Hier stehen doch überall kleine Tengu-Schrei-ne.

Ja, es werden sogar Feste für die Tengu abgehalten. Das ist sehr vertraut.

Ah!

Tengu?

Ich steh auch nicht drauf.

Es würde nur die Tengu* verär-gern.

Willst du probieren?

Ich bin minder-jährig.

Und trau mich nicht.

Da fällt mir ein, das kam in einem alten Märchen vor.

Wenn man die Gaben des Berges für sich beansprucht, erzürnt man die Tengu. Meinst du das?

Auch ich habe so vieles vergessen, was Oma mir beigebracht hat.

Ich darf mich nicht über dich aufregen.

Wenn Oma mir Angst machen wollte, sagte sie, der Tengu würde mich holen, wenn ich etwas Böses tue.

Wenn du hörst, wie ein Baum zweimal mit einem Beil geschlagen wird, ist das das Zeichen der Tengu.

Katsching, Katsching!

Toki ...

Du hast es nicht vergessen. Du hast einfach nur noch nicht die Schublade geöffnet, stimmt's?

Du sagst, du wirst das hier nicht vergessen ...

... aber für dich ist die Zeit mit mir nicht länger als ein Wimpernschlag, oder?

Ich habe schließlich sehr viele Erinnerungen.

... ich kann mir bildlich vorstellen, dass deine Schubladen so verrostet sind, dass du sie nicht mehr aufkriegst.

Verrostet?

... aber im Gedächtnis geblieben sind mir höchstens 50 oder 60 Jahre.

Na ja, da ich schon lange lebe, habe ich zwar wirklich viele Erinnerungen ...

Die Zeit verstreicht für mich genauso schnell wie für euch.

So wenig?

Ich lebte etwa 400 Jahre lang gezwungenermaßen zurückgezogen.

Gezwungenermaßen?

Ein Monster wie mich kann man doch nicht frei herumlaufen lassen.

Ein fremdartiges Wesen, das keine einzige Falte bekommt, egal wie viel Zeit vergeht.

Negativ ausgedrückt, war ich weggesperrt.

Wegen meines Äußeren wurde ich ohnehin wie eine Kuriosität beäugt.

Trotz allem hat man mich am Anfang verehrt.

Zumindest dem Anschein nach.

Nur ein bisschen ...

Du warst auf Reisen, um sie zu besuchen?

Dein Opa war ein Freund dieser Person. Ich habe ihm viel zu verdanken.

... kam eines Tages ein Sonderling und holte mich dort raus.

Und während ich Löcher in die Luft starrte ...

Vierhundert...

Das muss echt langweilig sein.

Ich habe fleißig Löcher in die Luft gestarrt.

Den Blick hast du immer noch.

Wo bleibt deine Skepsis?!

Vier-hundert Jahre ...

GRINS

Was soll das?

Was ich sagen will, ist, ich habe noch genug ungenutzte Schubladen.

Die Zeit mit dir, einschließlich der Zubereitung der Manju ...

... lege ich in einer nigelnagelneuen, funkelnden Schublade ab. Also keine Sorge.

... wie
sehr ich
...

TSCHING

Ob mich
die himmli-
sche Strafe
ereilen wird?

Stück

KRUSCH

4. Kapitel

Und bin sofort aufgeflogen.

Hier stehen viele davon, wahrscheinlich wegen der Seidenraupenzucht.

Sieht eigentlich nicht aus wie Blut.

Hände, Lippen und Zunge färben sich knallrot. Wer das sieht, ruft: »Oh! Da ist Hariti*!«

Maulbeeren?

Auf dem Heimweg habe ich früher immer genascht.

*Weibliche Gottheit oder Dämonin, die in mythologischen Überlieferungen als kannibalische Dämonin, später als Beschützerin der Kinder und Mütter beschrieben wird.

Zu ihrer Zeit als Dämonin.

Oh! Da ist Hariti!

Nach ihrer Bekehrung zum Buddhismus.

Aber Hariti wird doch immer mit einem Granatapfel dargestellt.

Aber sie sind lecker, also nascht man trotzdem.

Laut volkstümlichen Sagen schmeckt er nach Menschenfleisch.

PFLÜCK
PFLÜCK
MAMPF
PFLÜCK
MAMPF
PFLÜCK
MAMPF
PFLÜCK

Korrekt ist: Er ist ein Fruchtbarkeitssymbol.

Da bleibt nichts für Marmelade übrig.

Ob sie beim Anblick der blutroten Früchte erzitterten?

Aber die blutrote Farbe der Früchte erinnerte die Leute wohl an die kinderfressende Hariti.

Ursprünglich galt er als Glücksbringer, der Dämonen vertreibt.

Rot gilt doch auch als Farbe der Verführung, oder?

?

Na, weil du ...

RASCHEL

RASCHEL

RASCHEL

RASCHEL

Ist es.

Ich hab geweint.

Ist das nicht etwas makaber?

Die Sache mit dem Maulbeerblut.

Meine Oma hat das gemacht, als ich in der Grundschule war.

Alles in Ordnung?

RASCHEL

Er hat auch Maulbeeren genascht ...

Oh! Da ist Hariti!

Aus denen hier mache ich knackige Umeboshi.

Morgen früh gibt es Tamagoyaki*!

Das Kalzium in den Schalen verhindert, dass die Pflaumen weich werden. Dadurch bleiben sie knackig.

*jap: Omelett

Hat dir das auch Oma beigebracht?

Das geht ja flott.

Kann sein.

Mann, jeder will mir ständig was beibringen!

Bist du ein Baby?

STOCHER

Malice

FLECHT

Machst du mir einen Zopf?

Deine Haare sa- hen lang genug aus.

So dem chts …

Oh, jetzt sehe ich besser.

Bist du wirklich mehrere hundert Jahre alt?

Yashio?

Was treibt dieser Junge?

STUPS

Was
ist ...?

Be-
rühren.

Sehen.

Die an-
deren Sin-
ne willst
du nicht
auspro-
bieren?

RATTER ガ
ラ
ガ
ラ

Heute
liegt er
nicht auf
dem Bo-
den ...

... aber
...

RATTER

... er
schläft
auch nicht
auf seinem
Futon.

Yashio,
meine
kleine
Schlaf-
mütze
...

... wa-
rum bist
du noch
wach?

Um die
Zeit laufen
die besten
Sendun-
gen.

Bin
wieder
da!

Ha
ha
ha ...

Hallo!

haha
?

T
O
C
K

12
1
2
3
4
5
6

Was
läuft denn
Spannen-
des?

Das weiß ich selbst!

Du hättest schlafen gehen sollen, statt zu warten.

Warum ziehst du mich ausgerechnet in solchen Momenten nicht auf?

Außerdem ...

... ist es auch für dich ...

Zu wis-
sen, dass
jemand auf
einen wartet,
ist trauriger,
als allein
zu sein.

Das gilt ...

... zumindest für mich.

Wenn du dich verlaufen hättest, wüsste ich nicht weiter.

Genau! Das gilt nur für dich!

Ich dachte, in ein dunkles Haus heimzukehren, ist bestimmt bedrückend!

Belassen wir es dabei.

Ich wollte nur rücksichtsvoll sein!

5. Kapitel

Hopp!

Was meinst du? Verglichen mit unserer ersten Begegnung.

Das ist jedenfalls meinen Anstrengungen zu verdanken.

Angeber!

Meine unreine Seele.

Puh ...

Ist sie inzwischen nicht so gut wie gereinigt?

Chinowa Kuguri – Das Durchschreiten des Schilfgrasrings*

*Ritual, das reinigen und vor Krankheiten schützen soll

Deine Verantwortungslosigkeit ist den Göttern egal?

Ich bin ein anständiger Bursche, das wissen auch die Götter.

Das kümmert sie nicht.

Ach ja?

Müssten die Barrieren deinen Körper nicht zerreißen?

Zerreißen?

Toki, wieso kannst du Schreine betreten, obwohl du ein Mononoke bist?

In Kanto wurde jetzt auch Nago-shi-Gohan als Gericht eingeführt.

Was ist das?

Die Azuki-bohnen wirken als Zauber zur Dämonen-abwehr?

Das isst man in Kyoto beim Reini-gungsritual des Sommers.

Mina-zuki*.

*Kuchen aus Reismehl mit Anko, traditionell in dreieckiger Form serviert

Du kannst doch gut kochen, Toki.

Schau mich nicht so an!

Das will ich essen!

Du doch genauso, Yashio.

Reis, gemischt mit verschie-denen Getreidesorten, und Tempura von Saisongemüse.

Neues Gericht zu festlichem Anlass

Nagoshi Goha

Das hier!

Jetzt kann ich es endlich anwenden ...

Bedank dich bei Oma.

Sie hat mir alles beige-bracht.

Ich mache gar nichts.

Ich hoffe für dich, du stellst nichts mit ihm an!

Mutsuo und Tsuwako waren richtige Turteltäubchen. Sie und ihr Kind waren bestimmt eine liebevolle Familie, hab ich recht?

...

Sag mal, Mitsu, wie lange kommst du schon zu Yashio?

Hepp.

Es ging immer lebhaft zu.

Setz dich.

Du kanntest sie also tatsächlich?

Ja, wirklich.

Ah ...!

Nanu? Wer ist das?

Du ...

Guten Tag.

KLONK

Was? Du hast Freunde?

Huch? Wohin ist Mitsu verschwunden?

Nicht wirklich.

T

Ich stell ihm das Futter hin.

He!

(Flüsternd)

Spiel mit!

Micchan?!

Ah!

Das ist mein Kumpel Micchan.

Sag's mir, Mi-tsu.

Oh. Da...

...!

Ich mache uns Tee.

Wie ist es, Yashio aus diesem Blickwinkel zu sehen?

Mach weiter so und du fliegst ruckzuck auf.

Halt's Maul!

I... Ich wohne etwas abgelegen vom Berg.

Wundert mich, dass ich noch nie von dir gehört habe. über jemanden wie dich würden die Leute doch reden.

Ja ...

Du kommst aus der Gegend, also kennst du Toki auch erst seit Kurzem?

Yashio, bereitet dir das Leben mit ihm hier irgendwelche Probleme?
Fällt er dir zur Last?
Hm ... Meistens ist er ein hoffnungsloser Fall ...
... aber er kümmert sich um seine Angelegenheiten.
Nein, eigentlich ist er doch ständig ein hoffnungsloser Fall.
Im Moment ...
... macht es Spaß, denke ich.
Ach so ...
WUSCHEL WUSCHEL
Dann ist gut.
SCHRECK
Micchan, ich bin schon 17.
Ah! Tut mir leid!
Darf ich dich was fragen? Es klingt vielleicht wie eine Anmache, aber ...

Ich bringe Tee zum Nachschenken.

FIXIER

Was flirtet ihr hier herum?

Ich fühle mich irgendwie wohl bei dir ...

Sind wir uns möglicherweise schon mal begegnet?

Nerviges kleines Wölfchen ...

Und soll ich dich ab jetzt P-chan nennen?

P-chan?

Lies *Ranma*!

Denk nicht drüber nach.

Grins nicht so!

Großmut? Väterlichkeit? Toki hat das jedenfalls nicht.

Woran liegt das?

Gewonnen!

*Manga von Rumiko Takahashi

PLÄTSCHER

Du meintest, du hättest nur oberflächliche Bekanntschaften. Wann hast du dich denn mit jemandem wie ihm angefreundet?

Ja.

Voll gruselig!

Stell dich nicht einfach schweigend hinter mich!

Mein Schienbein ...

SCHMERZ
SCHMERZ
SCHMERZ

ZASCH

DONK

Yashio, ich habe morgen ein paar Dinge zu erledigen ...

Mann ... Das gefällt mir gar nicht ...

KICK

Aua!

... aber ich komme zu dir zurück!

ZUCK

Siehst du? Ich hab es ganz allein geschafft.

WUSCHEL
WUSCHEL
WUSCHEL

Wuff!

Mitsu!

Toki hat mir viel darüber beigebracht, wie man sich in den Bergen orientiert.

Jetzt werde ich dir keine Umstände mehr bereiten, Mitsu.

KLACK

PLOPP

PLOPP

PLOPP

Will-kom-men zu-rück.

RATTER...

Bin wieder da.

Was kochst du da Undefinierbares?

Anko.

Du hast doch drauf bestanden.

Dass du eine Revanche für die Manju willst.

Tokis Arm.

Die springen ...

PLOPP

PLOPP

PLOPP

Die Bohnen sind heiß!

ZISCH

Ah!

Heiß!

Ah!

PLOPP

PLOPP

Wenn das Wasser verkocht ist und sie aufhören zu ploppen, ist es fertig.

Am ersten Juli werden die Manju zur Feier ...

... der Getreideernte gegessen.

Das Getreide habe ich von Hiros Familie bekommen.

Aaah!

Du hilfst auch.

Wenn's sein muss.

Die Manju werden morgen früh zubereitet.

Um die Ernte zu feiern, machen sich die Bauern an diesem Tag einen faulen Lenz.

... faulenzen und Luft zufächern«, so sagt man ja.

»Morgens Manju, Mittags Udon*...

Dann kühlt die Masse ab ...

... und wird bis morgen stehen gelassen.

Kühl

cke Weizennudeln

Yashio geht immerhin schon zur Highschool!

Ja ... Er ist wirklich putzmunter!

Mit seinen Freunden versteht er sich auch gut.

Ja, er isst vernünftig.

Ich verstehe ja, dass du dir als Vater Sorgen machst, aber dafür gibt es keinen Grund.

Hast du ...

Er hat alles im Griff.

Ja, alles bestens.

Hä?

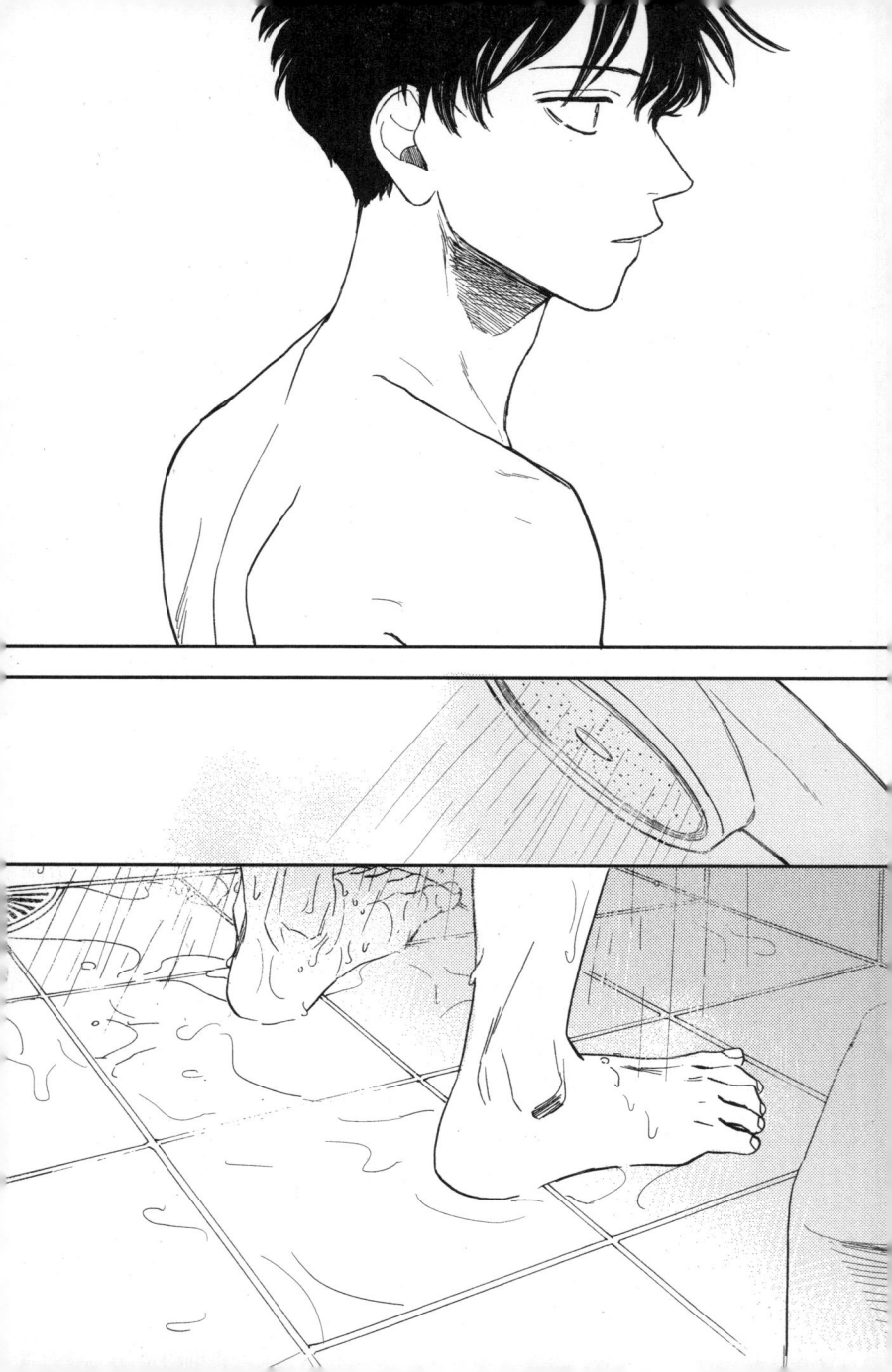

Was kochst du da Undefinierbares?

Anko.

Dann kühlt die Masse ab ...

... und wird bis morgen stehen gelassen.

BIEP

6:30

6. Kapitel

Für die Miso-Suppe morgen ...

... brauchen wir noch Zutaten.

Der Myoga-Ingwer sollte langsam sprießen.

Schattenblume****.

Halbimmergrüne Kletterrose***.

Yabumyoga**.

Klei Sch genb

Nur die wichtigsten.

Trotzdem beeindruckend.

Und wie viele kennst du?

ZUPF

Allein in Japan gibt es tausende Arten.

So viel wie du weißt, könntest du doch Botaniker werden.

... angefangen mit deinem Opa, mit voller Hingabe immer wieder ausführliche Erklärungen eintrichtern ...

... dann bleibt was hängen, ob man will oder nicht.

Wenn einem passionierte Bergwanderer ...

RATTER

Mitsu war bei mir.

Hast du dich nicht verlaufen?

Hat sich unser Myoga-Magnat endlich nach Hause bequemt?

Du bist ja streng ...

Ich freu mich erst, wenn sie gelungen sind.

Das kam nicht von Herzen.

Juch-hu ...

... und zur Krönung des Tages Inari-Sushi!

Gut, dann gibt es jetzt den von dir gesammelten Myoga-Ingwer, Miso-Suppe ...

Verstehe ...

Ich wollte dich einfach nur beschützen.

Was ...

Aus diesem Grund ...

... bin ich vor dir weggelaufen.

Ich habe nach ihr gesucht, weil ich die Art, wie wir auseinandergegangen sind, nicht völlig verarbeiten konnte. Das ist der einzige Grund.

Ich habe nur halbherzig nach ihr gesucht.

Ich habe Yosuga nur nicht erwähnt, weil mir diese verflossene Liebe ein bisschen peinlich war.

So war es, bis ich hierherkam.

Ah! Stimmt, das habe ich dir erzählt ... Aber nein ...

... das meine ich nicht!

Du machst dir doch Sorgen um mögliche Nachkommen, oder?

Ich bin ein Mann. Auch wenn ich bei dir bleibe, bist du auf der sicheren Seite.

Hä?

Du sprachst ... davon ... was ... zu zeugen ...

DRUCKS

Das stimmt, aber... Ich meinte ...

Nicht?

Es ging doch darum, dass du mich auch in Erwägung ziehst, oder nicht?

So meinst du das ...

Mit dir zusammen ...

Es macht schon einen Unterschied, wenn man glücklich und zufrieden ist.

Wenigstens bei dir sein kann ich ...

Äh ...?!

Bei zwei Männern kommt ja keine erotische Stimmung auf, hab ich recht?

?

Hier, das habe ich vorhin bekommen.

Das ist mir schon vor Längerem zu Ohren gekommen.

RASCHEL

WÜHL

...

Sie hat auch Enkel.

Ehebruch ist nicht mein Ding ...

Nein ... Yosuga ist verheiratet.

Am Schluss war es einfach Sturheit. Deshalb habe ich sogar deinen Vater nach ihr gefragt.

Ich wollte mich vergewissern, dass meine Entscheidung damals nicht falsch war.

Darum habe ich mich auf den Weg gemacht.

Es ließ mich nicht ganz los und ich hatte das Gefühl, nicht vorwärtszukommen.

Ich konnte es nicht verarbeiten, weil ich mich nicht mit eigenen Augen davon überzeugt hatte.

Jetzt weiß ich, dass meine Entscheidung richtig war.

So habe ich dich gefunden, Yashio.

Tut mir leid.

Entschuldige dich nicht!

Das macht mich erst recht sauer!

Sag das doch gleich!

Ich hab das total missverstanden!

Das ist doch ...!

Frontalangriff!

DOSCH

Mit dir und deinen Eltern.

Da wäre noch etwas.

Zu deinen Eltern habe ich Kontakt aufgenommen, weil ich etwas Bestimmtes ausprobieren möchte.

Dank dir finde ich den Weg ja jetzt.

Ich hab nicht vor, meinen Eltern nach all der Zeit etwas vorzuwerfen.

Ich bin erwachsen.

Wozu?

Dir ist klar, dass sie die Ursache dafür sind, dass du dich immer verirrst, oder?

Ich wollte wissen, worin es seinen Ursprung hat.

Das Verlaufen ist lediglich ein Symptom, das in Form dieses Phänomens an die Oberfläche tritt.

Du brauchst dir wegen meiner Eltern keine Gedanken machen.

Wärm das Thema nicht wieder auf! Das ist peinlich!

... und dich dadurch letzten Endes verletzt.

Ich hab mir zu viel auf mich selbst eingebildet ...

Ich dachte, dann könnte ich vielleicht irgendetwas für dich tun.

... aus reinem Egoismus. Ich möchte mehr über dich erfahren, Yashio.

Das mache ich ...

Darum habe ich deine Eltern ...

DING

Wir sind zu Hauseeeeee!

DONG

DRÜÜÜCK

Ein lebendiger Yashio!!!!

Yashiooooo!!!!

KNUDDEL

SCHRECK

Oh, Toki! Hallo!

Tut nicht so, als wäre ich von den Toten auferstanden!

Warum kommt ihr plötzlich nach Hause?

Entschuldigung, ich bin gerade baff.

Ah!

Danke, dass ich hier wohnen darf.

Es war schon aufgeflogen.

Oh! Jetzt ist es mir rausgerutscht!

Als Toki über dich geredet hat, haben wir es nicht mehr ausgeha...

Du wirst ja förmlich mit Liebe erdrückt.

Am Telefon klang dein Vater eher bodenständig, darum war ich fest entschlossen, aber ...

Hä?

Wir opfern erst mal ein paar Mitbringsel!

Lasst mich l...

Das reicht jetzt!

Macht doch, was ihr wollt!

Für den Hausaltar!

Manju

Na ja ...

Ich freue mich, dass es euch gut geht.

Ihr seid Ärzte?

Oder ist diese Frage taktlos?

Gab es keine Möglichkeit, sich hier in der Nähe niederzulassen?

Daher gibt es für uns keine Arbeit, die wir lieber täten.

Das Bergsteigen war immer unser Hobby.

Dort behandeln wir Bergsteiger und beraten sie in Gesundheitsfragen. Außerdem sammeln wir Daten zu Forschungszwecken.

Ja, in einer sogenannten Bergklinik.

Er hat uns auch Fotos geschickt.

Aber am Telefon war er ausgesprochen höflich.

Am Anfang haben wir uns natürlich gewundert, was das soll.

...orüber ...abt ihr ...uch un...erhal...ten?!

Wieso wart ihr überhaupt mit einem Wildfremden in Kontakt?

Hach ... Jetzt wurde uns mal der Kopf zurechtgerückt.

Wollt ihr ihm denn nicht widersprechen?

Und sein Essen ist köstlich!

Was soll das hier?

Jaja ... Mann ... wie peinlich ...

...abt ...uch ...fen ...en?

Du hast da einen wirklich guten Freund gefunden.

Morgen müssen wir wieder arbeiten.

Macht's gut!

SCHUBS

RÄUSPER

Nun ja, ich habe dir ja versprochen, dass ich dir helfe, deine Unreinheit loszuwerden.

Das ist so anstrengend ...

Das Anko hat er zu Kugeln geformt ...

... und eingefroren.

Mit der Einstellung willst du rangehen?

Tut mir leid.

So ein Jammer.

Und ich hatte noch keine Gelegenheit für meine Manju-Revanche.

Bald findet das Sommerfest statt. Da müssen wir auf die Pauke hauen.

Hol endlich die Pfanne raus!

Ich brate jetzt Tamagoyaki.

Nein!

Wie auch immer. Kochen wir heute Sekihan*?

*Reis mit roten Bohnen, der zu festlichen Anlässen gegessen wird

Eine
kleine
Lach-
falte!

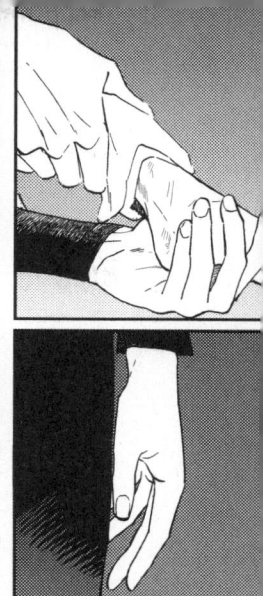

Grober Grundriss
des Hauses der Familie Yokami

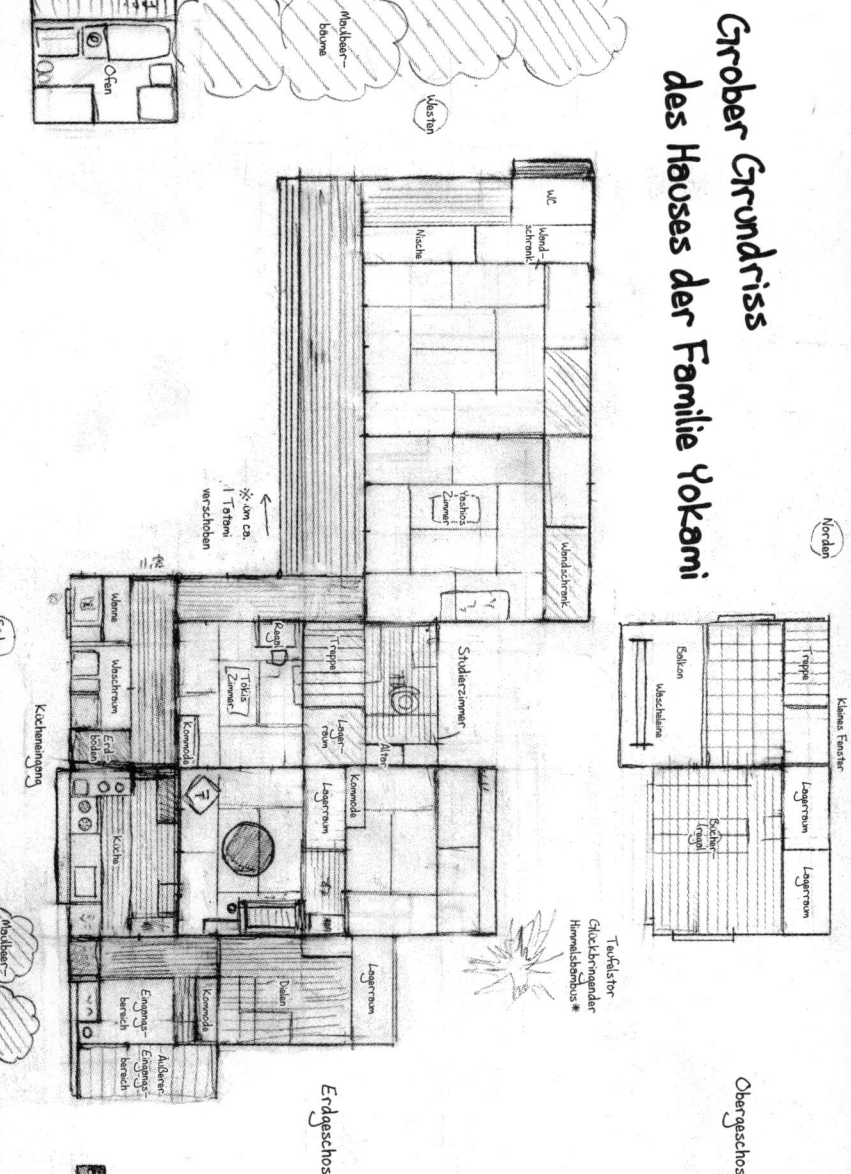

Norden

Osten

Süden

Westen

Ofen

Maulbeer-
bäume

WC

Wand-
schrank

Nische

Yoshos
Zimmer

Wandschrank

※ um ca.
1 Tatami
verschoben

Ohne

Waschraum

Treppe

Kaze

Tokis
Zimmer

Studierzimmer

Lager-
raum

Küchen-
eingang

Erd-
boden

Kommode

Küche

Lagerraum

Kommode

Altar

Lagerraum

Kommode

Diele

Lagerraum

Eingangs-
bereich

Äußerer
Eingangs-
bereich

Maulbeer-
bäume

Erdgeschoss

Teufelstor
Glücksbringender
Himmelsbambus *

Obergeschoss

Kleines Fenster

Treppe

Balkon

Wäscheleine

Lagerraum

Lagerraum

Sicher-
heitsriegel

Lagerraum

*lat. Nandina domestica

*lat. *Liriope muscari* **lat. *Portulaca oletacea* ***lat. *Hibiscus mutabilis*, auch als Baumwollrose bekannt

*lat. *Erythronium japonicum*

Autorenkommentar

Diese fiktive Geschichte
spielt irgendwo in den Bergen.

Syaku

TOKYOPOP GmbH
Hamburg

TOKYOPOP
2. Auflage, 2022
Deutsche Ausgabe/German Edition
© TOKYOPOP GmbH, Hamburg 2021
Aus dem Japanischen von Diana Hesse

© 2020 Syaku. All rights reserved.
First published in Japan in 2020 by Ichijinsha Inc., Tokyo.
Publication rights for this German edition arranged through
Kodansha Ltd., Tokyo.

Redaktion: Lisa Duty
Lettering: Vibrant Publishing Studio
Herstellung: Mathias Neumeyer
Druck und buchbinderische Verarbeitung:
CPI – Clausen & Bosse GmbH, Leck
Printed in Germany

MIX
Papier
FSC FSC® C083411

Wir achten auf die Umwelt.
Dieses Produkt besteht aus FSC®-zertifizierten
und anderen kontrollierten Materialien.

ISBN 978-3-8420-7118-6

www.tokyopop.de

Die **Natur** einer
reinen *Seele*

IM FLUSS DER ZEIT
Syaku

Erinnerungen, so tief wie der Ozean

Das Schicksal trifft einen Menschen oft aus heiterem Himmel.
Für Shiro ist es die Begegnung mit einem Fremden, der plötzlich vor ihm auftaucht – und in Ohnmacht fällt. Er beschließt,
den jungen Mann, der nur eine alte Pilotenuniform trägt und
offenbar sein Gedächtnis verloren hat, bei sich aufzunehmen.
Geduldig versucht er Kiku, wie er den Fremden fortan nennt,
an das Alltagsleben zu gewöhnen. Während Kiku jeden Tag etwas dazulernt, wird er nachts von wiederkehrenden, schreckli-
chen Albträumen gequält ...

www.tokyopop.de

THEO
Nachi Aono

/Nachi Aono

»Seit jenem Tag seid ihr meine Gottheit.«

In einem fernen Land leben Gottheiten namens »Batsu«. Ihre Kräfte werden von den Menschen sowohl geschätzt als auch gefürchtet, weshalb man sie in den hohen Norden verbannte. Doch die Tradition gebietet es, dass den Batsu Diener zur Seite gestellt werden. Sie sollen den Alltag der Gottheiten erleichtern, da Batsu von ihren eigenen Kräften regelrecht verzehrt werden und daher schneller altern. Dies ist die schicksalhafte Geschichte von Batsu Rei und dem Jungen Theo.

THERE ARE THINGS I CAN'T TELL YOU

Edako Mofumofu

Gibt es den »richtigen« Weg?

Kyosuke, der mit Elan und Ehrgeiz seinen Traumjob als Artdirector anstrebt, spürt regelmäßig eine nagende Unsicherheit. Trotzdem übt er sich in Zuversicht und genießt seine freie Zeit mit Kasumi, seinem Freund aus Kindertagen. Doch auch Kasumi wird offenbar von den Schatten der Vergangenheit heimgesucht. Und obwohl sich die beiden Männer so eng verbunden fühlen, steht etwas zwischen ihnen, für das sie keine Worte finden ...

www.tokyopop.de

UNTER DER OBERFLÄCHE
Emi Mitsuki

Die Höhen und Tiefen der Liebe

Kobayashi hat seinen Traumjob gefunden: Endlich arbeitet er in der Filmbranche, und dann auch noch mit einem renommierten Regisseur! Allerdings gerät er immer wieder mit seinem Vorgesetzten aneinander und ist daher mehr als genervt. Sein Leid klagt er seinem ehemaligen Kollegen Ishihara, der ihm beim Feierabendbier geduldig zuhört. Eines Abends verschlägt es die beiden jedoch in einen mysteriösen Club und es folgt heißer Sex im Separee ... In ihrem ersten Kurzgeschichtenband erzählt Emi Mitsuki von Leidenschaft, Geheimnissen und überraschenden Gefühlen!

www.tokyopop.de

BLUE LUST
Hinako

Warum machen wir dieselben Fehler immer wieder?

Durch Zufall kann Hayato seinen neuen Mitschüler Soma von
einem Selbstmordversuch abhalten. In der Folge entwickelt er
eine Art Beschützerinstinkt gegenüber dem kontaktscheuen
Jungen und hilft ihm dabei, sich sozial zu integrieren. In der
Mittelschule hatte Hayato einen schwulen Freund geoutet, der
somit zum Mobbingopfer wurde, was ihm noch nachhängt.
Doch als Soma mehr von ihm will, sieht sich Hayato mit einer
ähnlichen Situation wie damals konfrontiert ...

www.tokyopop.de

UND JEDEN TAG LIEBE ICH DICH MEHR

Shota Kon

Ich hab nur gesagt, was ich denke!

Es ist Frühling und für Sora beginnt das letzte Jahr an der Highschool. Ganz überraschend macht ihm ein neuer Schüler vor versammelter Mannschaft ein Liebesgeständnis! Der zwei Jahre jüngere Oto ist ein Freund aus Kindheitstagen, den er aus den Augen verloren hatte. Er kann Sora überreden, von nun an wieder möglichst viel Zeit mit ihm zu verbringen. Doch steckt hinter Otos Anhänglichkeit mehr als nur der Wunsch, an die schönen Erinnerungen aus Kindertagen anzuknüpfen?

www.tokyopop.de

GOLDEN SPARKLE
Minta Suzumaru

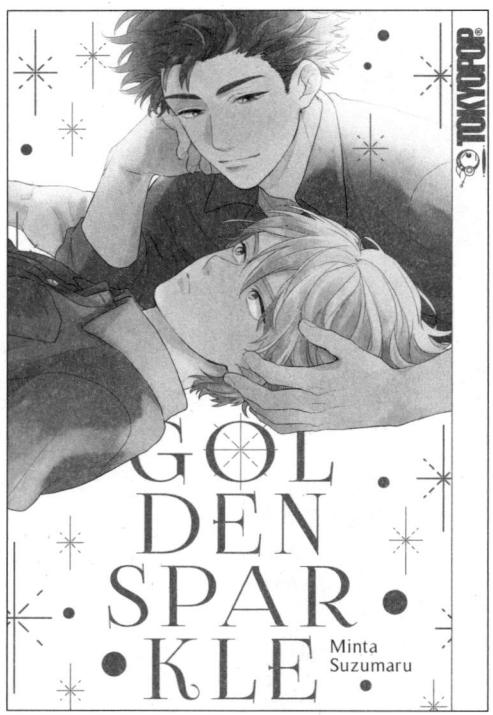

Lerne, wenn du keinen Schimmer hast!

Während Himari wie ein cooler Draufgänger wirkt, wird der hübsche Gaku meist als Frauenheld abgestempelt. Um diesen nervigen Vorurteilen aus dem Weg gehen zu können, schreiben sich beide in einer Jungenschule ein und haben direkt einen guten Draht zueinander. Doch besonders für Himari hören die Probleme nicht auf: Er erwacht neuerdings aus feuchten Träumen und hat keine Ahnung, warum er diese hat und was er dagegen unternehmen kann. Als Gaku davon erfährt, bringt er dem unerfahrenen Himari bei, wie er sein »Leiden« lindern kann ...

www.tokyopop.de

SUGAR POT
KAFFEE, MILCH UND SÜSSE KÜSSE
Naro Sakuragawa

»Ich möchte, dass du nur Augen für mich hast«

Der tollpatschige Cafébesitzer Kanata gibt mit seinem köstlichen Gebäck und aromatischen Kaffee alles, um sein Geschäft zu einem Erfolg zu machen. Sein großes Vorbild ist dabei sein Kindheitsfreund Ryunosuke, den er zu Schulzeiten immer für seine Zuverlässigkeit und Reife bewundert hat. Doch der Kontakt zwischen den beiden ist abgebrochen – bis Ryunosuke nach Jahren plötzlich sturzbesoffen vor Kanatas Tür steht und komplett verändert scheint. Kann Kanata ihm aus seinem Tief heraushelfen?

STOPP!

**Dies ist die letzte Seite des Buches!
Du willst dir doch nicht den Spaß verderben
und das Ende zuerst lesen, oder?**

Um die Geschichte unverfälscht und original-
getreu mitverfolgen zu können, musst du es
wie die Japaner machen und von rechts nach
links lesen. Deshalb schnell das Buch um-
drehen und loslegen!

So geht's:

Wenn dies das erste Mal sein
sollte, dass du einen Manga
in den Händen hältst, kann dir
die Grafik helfen, dich zurecht-
zufinden: Fang einfach oben
rechts an zu lesen und arbeite
dich nach unten links vor.
Viel Spaß dabei wünscht dir
TOKYOPOP®!